Anne-Sophie Fauconnier

Comment apprendre à s'aimer,

et pourquoi ?

À mon père qui m'a légué son don pour l'écriture,

à ces personnes qui ont cru en moi avant même que je croie en moi,

à celles et ceux qui manquent d'estime de soi, proches et anonymes.

Table des matières

PRÉAMBULE

J'ai eu envie d'écrire ce livre après avoir constaté que la majorité des individus ne s'aimaient pas, peu, ou mal. Ce manque d'amour propre, je l'ai bien connu moi aussi, et j'aurais souhaité qu'on m'apprenne à m'aimer dès le plus jeune âge. Au lieu de cela, j'ai passé une grande partie de ma vie à me soucier des autres davantage que de moi-même, à aimer les autres plus que moi-même. Du moins c'est ce que je croyais… car vous allez découvrir au fil de ce livre que le manque d'amour propre entraine irrémédiablement une moindre qualité de votre amour pour les autres.

Je sais que cette phrase va déjà vous interroger, voire vous choquer, car vous pensez que votre manque d'amour propre n'a aucune incidence sur votre capacité à aimer les autres. C'est ce que je pensais aussi, jusqu'à ce que j'entame un long travail sur moi-même, une grande remise en question à la suite d'une rupture sentimentale qui fut la plus douloureuse de mon existence.

Pour ce travail de développement personnel, j'ai fait appel à plusieurs coachs, avant de devenir à mon tour coach et auteure. Ce que j'avais appris grâce à eux était tellement important, tellement bénéfique, et pourtant si simple, que je me sentais le devoir de partager cela avec le plus grand nombre. À la suite de ce travail sur moi-même, je me suis formée au métier de coach, et cette formation m'a également permis d'en comprendre encore davantage sur le fonctionnement de l'être humain et sur tout ce qui est en son pouvoir afin de se transformer.

Dans cet ouvrage, je vous partage ce que j'ai appris, ce que j'ai compris, et surtout mis en pratique personnellement au quotidien afin d'apprendre à m'aimer et à mieux aimer les autres. Je souhaite que les pages suivantes vous apportent une meilleure compréhension de l'importance de s'aimer soi-même, et qu'elles vous aident à y parvenir !

1.

ESTIME DE SOI OU CONFIANCE EN SOI ?

Bien souvent, lorsque nous parlons de notre manque d'amour propre, nous utilisons ces mots : « je n'ai pas confiance en moi ». Or, l'amour propre et la confiance en soi sont deux choses distinctes, même si elles sont souvent intrinsèquement liées. Voyons ensemble ce qui les différencie.

La confiance en soi, c'est notre foi en nos capacités d'agir, de faire certaines choses, qu'elles soient professionnelles ou personnelles. Nous savons que nous sommes compétents pour telle ou telle activité, nous sommes confiants dans le fait de réussir à effectuer une tâche ou une autre. Il peut arriver que nous ayons une bonne confiance en nous sur le plan professionnel et peu sur le plan personnel, ou inversement.

L'estime de soi, c'est tout simplement l'amour que l'on se porte, communément appelé « amour propre ». Bien souvent, le manque d'estime de soi entraîne une mauvaise confiance en soi, mais pas toujours. On peut ne pas s'aimer mais être conscient de ses capacités, savoir que l'on est bon dans tel ou tel domaine. Malgré tout, les deux vont souvent de pair et c'est pourquoi nous les confondons : nous disons souvent « je n'ai pas confiance en moi » quand nous pensons « je ne m'aime pas ».

Que ce soit pour des raisons physiques ou intellectuelles, les personnes qui ne s'aiment pas se focalisent sur leurs « défauts » plutôt que sur les atouts ou qualités qu'elles ont également. De plus, elles se persuadent de ne pas pouvoir changer cet état de fait.

Non seulement elles pensent qu'elles ne peuvent pas changer physiquement ou moralement mais elles pensent également que si elles ne peuvent pas changer, elles ne s'aimeront jamais. Or, même si nous n'intervenons pas sur la source, sur le « défaut » qui nous dérange, nous pouvons apprendre à nous aimer avec !

L'estime de soi, c'est justement apprendre à s'aimer avec ses qualités ET ses défauts, avec ses imperfections tout autant que ses atouts. Mais c'est aussi prendre conscience que si l'un de ces défauts nous insupporte et nous empêche de nous aimer, il est toujours possible d'y travailler. Tant sur le plan intellectuel que physique, nous pouvons toujours modifier une partie de nous-mêmes afin qu'elle corresponde davantage à ce que nous souhaitons.

Je reconnais qu'il est plus facile de travailler sur l'intellect que sur le physique, car si un individu n'aime pas la couleur de ses yeux, il lui sera impossible d'en changer bien évidemment. C'est là qu'intervient l'intérêt d'apprendre à s'aimer avec ce qui nous déplait.

Dans sa « *Prière de la sérénité* », Marc Aurèle disait ceci :

> « *Mon Dieu donne-moi la sérénité d'accepter toutes les choses que je ne peux changer. Donne-moi le courage*

de changer les choses que je peux changer, et la sagesse d'en connaître la différence. »

Dans le cas qui nous intéresse ici, l'estime de soi, nous devons apprendre à accepter et aimer tout ce que nous ne pouvons changer en nous, avoir le courage de changer ce que nous pouvons changer, et la sagesse de distinguer ce que nous pouvons et ce que nous ne pouvons pas changer. Intellectuellement, absolument tout est possible ! Physiquement, nous devons apprendre à aimer ce que nous ne pouvons pas changer, ou changer ce qui peut l'être.

2.

POURQUOI JE NE M'AIME PAS ?

Bien souvent, à l'origine de notre manque d'amour propre se trouvent des croyances limitantes, des perceptions erronées, des conditionnements extérieurs ou des situations dans notre passé qui ont engendré ce mal-être.

La toute première raison pour laquelle nous ne nous aimons pas a été parfaitement bien expliquée par le maître spirituel indien Osho, dans son *livre The Dhammapada : The Way of the Buddha, Vol. 5,* dont voici un extrait :

Aime-toi toi-même

Toutes les traditions de ce monde, toutes les civilisations, toutes les cultures, toutes les églises n'ont enseigné que le contraire. Elles disent : 'Aime les autres, ne t'aime pas toi-même.' Mais derrière leur enseignement se cache une stratégie rusée.

L'amour est la nourriture de l'âme. Comme les aliments nourrissent le corps, de même l'amour nourrit l'âme. Le corps est faible sans aliments ; sans amour c'est l'âme qui est faible. Personne, aucun état, aucune église, aucun groupe d'influence n'a jamais voulu que les gens aient des âmes fortes, car quelqu'un avec une énergie spirituelle va forcément se rebeller.

L'amour te rend rebelle, révolutionnaire. L'amour t'offre des ailes pour t'élancer vers le ciel. L'amour te donne un regard lucide, ainsi personne ne peut te tromper, t'exploiter, t'opprimer. Les religieux et les politiciens ne survivent qu'en suçant ton sang – ils ne survivent que par l'exploitation. Les religieux et les politiciens sont tous des parasites.

Ils ont trouvé une méthode sûre, garantie à cent pour cent, pour te rendre spirituellement faible : t'enseigner à ne pas t'aimer. Un homme ne peut pas aimer quelqu'un d'autre, s'il ne sait pas s'aimer lui-même. Cet enseignement est très rusé. Ils disent : 'Aime les autres', parce qu'ils savent que tu ne peux pas aimer du tout, si tu ne t'aimes pas toi-même. Ils continuent pourtant à dire : 'Aime les autres, aime l'humanité, aime Dieu, aime la nature, aime ta femme, ton mari, tes enfants, tes parents, mais ne t'aime pas toi-même', parce que selon eux s'aimer soi-même c'est égoïste.

Ils condamnent l'amour de soi-même plus que tout autre chose. Et ils ont réussi à faire passer leur enseignement pour très logique. Ils disent : 'Si tu t'aimes toi-même, tu deviendras un égoïste, si tu t'aimes toi-même, tu deviendras narcissique.' Ce n'est pas vrai. Un homme qui s'aime, ne trouve pas d'ego en lui. L'ego apparaît lorsque tu aimes les autres sans t'aimer, lorsque tu essaies d'aimer les autres.

Les missionnaires, les réformateurs sociaux, les fonctionnaires, tous ont les plus grands egos du monde – évidemment, parce qu'ils se prennent eux-mêmes pour des êtres supérieurs. Ils ne sont pas ordinaires. Les gens ordinaires s'aiment. Mais eux, ils aiment les autres, ils aiment les grands idéaux, ils aiment Dieu. Et leur amour sonne faux, parce que leur amour est sans racines.

Un homme qui s'aime lui-même fait le premier pas vers l'amour réel.

Je vous laisse réfléchir à ce texte, méditez-le, et vous risquez fort de prendre conscience qu'il a pleinement raison. Je peux comprendre que les personnes très croyantes soient choquées par ses propos envers les religions ; toutefois, je pense qu'il est nécessaire de faire preuve d'ouverture d'esprit afin de reconnaître que ces propos sont plutôt justes.

Voyons maintenant les autres raisons, plus concrètes et proches de notre quotidien, qui sont à l'origine de notre manque d'amour propre :

- Cela peut provenir de remarques blessantes de l'entourage, pendant l'enfance mais également à l'âge adulte. Celles qui persistent depuis l'enfance sont les plus profondes et les plus compliquées à déloger. Mais compliqué ne veut pas dire impossible !
  Vous n'avez fait que croire ce que les autres disaient de vous... vous avez accordé du crédit à l'opinion des autres,

mais avaient-ils raison ? Un père qui dit à son jeune fils qu'il a un nez énorme détruit l'estime de soi de son garçon ; pour autant, ce garçon a-t-il réellement un nez énorme ? Par rapport à quoi, à qui ? Sur quel critère ?

Vous pouvez décliner cet exemple à l'infini, que ce soit sur des critères physiques ou sur le caractère d'une personne. Tu es trop ceci, pas assez cela… encore une fois, par rapport à quelle norme ? Ce n'est QUE la vision de la personne en face de vous, ce sont ses projections, ses normes, pas la réalité.

- Pour rejoindre ce que disait Osho, cela provient aussi bien souvent de croyances et de perceptions, telles que « les gens qui s'aiment sont prétentieux, arrogants, ils se croient supérieurs aux autres ».

Contrairement à ce que l'on pense, les personnes prétentieuses et arrogantes qui se croient supérieures aux autres sont très souvent des personnes qui ne s'aiment pas non plus et qui se cachent derrière un masque, ou qui ont développé un ego surdimensionné pour combler une faille. Ne confondez pas estime de soi et arrogance, ça n'a rien à voir.

L'estime de soi, ce n'est pas se sentir supérieur aux autres, c'est savoir reconnaître que nous avons de la valeur, que nous avons des atouts physiques et intellectuels, que nous avons, comme n'importe qui, des qualités et des défauts et que nous avons le droit -et le devoir- d'être bienveillants envers nous-mêmes, comme nous sommes bienveillants envers nos proches, nos amis, nos enfants. Nous avons le droit et le devoir de nous aimer comme nous les aimons.

- Cela peut encore provenir d'une situation dans votre passé, dans votre enfance. L'absence d'un parent (divorce, décès ou éloignement géographique), le sentiment d'abandon ressenti suite à cette absence, le manque d'affection d'un ou des deux parents, le sentiment de ne pas avoir été désiré, le rejet, le dénigrement etc. Tout cela va bien au-delà des relations parentales car cela peut également provenir de l'entourage proche, des autres élèves à l'école, de professeurs, mais aussi des « normes » que la société nous impose : le culte de la beauté et de la minceur, les magazines féminins, les publicités, et bien d'autres sources qui nous poussent à nous comparer aux autres, à nous auto-saboter, jusqu'à nous dénigrer nous-mêmes sans avoir besoin que les autres le fassent…

La bonne nouvelle, c'est que toutes ces causes et situations ne sont pas une fatalité. Nous ne sommes pas condamnés à vivre le reste de notre vie avec le fardeau de notre passé, avec les conditionnements de notre entourage, de la société, des religions ou du système. Nous pouvons parvenir à surmonter le passé, et apprendre à nous aimer. Oui, s'aimer, ça s'apprend !

C'est même indispensable pour nous-mêmes et pour nos relations aux autres, quelles qu'elles soient : familiales, parentales, amicales, amoureuses, professionnelles.

3.

COMMENT SAVOIR SI JE MANQUE D'AMOUR PROPRE ?

Comment vous situez-vous par rapport à votre amour propre ? Avez-vous le sentiment d'être plutôt critiques envers vous, de vous juger sévèrement ? Vous comparez-vous régulièrement aux autres et avez-vous l'impression qu'ils valent mieux que vous ? Ou au contraire, avez-vous l'habitude de vous encourager, de vous féliciter et d'être bienveillant envers vous-mêmes ?

Apprendre à s'aimer soi-même, ça commence naturellement par identifier où vous en êtes dans votre estime de soi. Voici un test rapide qui vous permettra de vous situer et d'évaluer au mieux votre amour propre. Répondez par oui ou non aux affirmations suivantes, et découvrez les conclusions :

1. Lorsque vous vous regardez dans le miroir, vous vous trouvez imparfait(e) mais plutôt joli(e) quand même.
2. Lorsque vous faites une erreur, vous prenez le temps de relativiser : « ce n'est pas si grave, je ferai mieux la prochaine fois. »
3. Vous savez ce que vous aimez dans la vie et vivez en fonction de vos valeurs.
4. Vous ne vous comparez jamais aux autres, ou très rarement.

5. Vous parvenez à entendre les critiques constructives sans vous offenser.
6. Vous êtes capables de dire non et/ou de vous affirmer face aux personnes qui vous en demandent trop.

Vous l'avez compris, si vous avez répondu oui à toutes ces affirmations ou du moins la grande majorité, vous avez une bonne estime de vous-mêmes, vous savez qui vous êtes, ce que vous valez, ce que vous voulez, et vous ne laissez pas les autres abuser de votre personne. Vous vous apportez l'amour que vous méritez.

Dans le cas contraire, si vous avez répondu non à la plupart des affirmations, il est grand temps pour vous d'apprendre à vous aimer, de prendre conscience que vous êtes uniques et par conséquent que vous avez de la valeur.

Personne sur terre n'est comme vous, avec les mêmes compétences, les mêmes talents, les mêmes dons, le même physique. Votre vie est précieuse et vous avez quelque chose à apporter aux autres et au monde. Aimez vos défauts, vos qualités, physiques et intellectuels, aimez qui vous êtes. Et si l'une de vos particularités vous dérange vraiment, travaillez sur ce point pour vous améliorer et ressentir par la suite cette fierté d'être parvenus à en venir à bout.

Mais avant de vous dévoiler les méthodes pour apprendre à vous aimer, je vais déjà aborder avec vous les conséquences du manque d'estime de soi, pour vous-mêmes et dans vos relations aux autres.

Vous allez comprendre rapidement que vous n'avez aucun intérêt à maintenir ce schéma négatif.

4.

LES CONSÉQUENCES DU MANQUE D'ESTIME DE SOI

L'une des premières conséquences du manque d'estime de soi est la dépendance affective. Cette dépendance affective, contrairement aux idées reçues, ne se cantonne pas à la relation amoureuse mais bien à toutes vos relations affectives : vos relations à vos parents ou votre famille au sens large, vos rclations à vos enfants, vos relations amicales, vos relations professionnelles, et bien sûr vos relations amoureuses.

Votre manque d'amour propre vous met en demande : vous attendez que les autres vous donnent ce que vous ne vous donnez pas vous-mêmes, et de votre côté vous ne pouvez pas donner aux autres ce que vous n'avez pas en vous.

Or, les autres ne sont pas là pour combler vos manques. Chacun de nous a ses propres manques, et vous n'êtes pas là non plus pour combler les manques d'autrui. Aucune relation ne fonctionne correctement en essayant de combler les manques de l'autre alors que chacun a les siens.

Si vous n'avez pas un minimum d'amour propre, vous ne pourrez pas aimer l'autre comme il se doit. Vous serez dans l'attachement, dans le besoin, dans la dépendance affective, mais pas dans l'amour. L'amour, le véritable amour, c'est donner le meilleur de soi-même et être capable de ne rien attendre en retour.

Dans vos relations amicales, ce sera sensiblement la même chose. Vous aurez besoin de l'affection de vos amis, besoin de leur présence, besoin qu'ils vous rassurent, tout comme vous le demandez à votre partenaire amoureux.

Enfin, dans les relations entre parents et enfants (plus souvent chez les mamans), la dépendance affective entraînera une relation fusionnelle de la part du parent, un besoin de sentir cet amour inconditionnel et d'être rassuré sur le fait que votre enfant vous aime. Les conflits avec votre enfant vous seront très douloureux, vous vous sentirez rejetés et/ou inutiles. Mais votre enfant n'est pas là pour soigner vos blessures, pas plus que votre partenaire, pas plus que vos amis. C'est à vous, et à vous seuls, de vous prendre en main.

La deuxième conséquence, c'est le « principe des vases communicants » ou le chantage affectif. Vous allez sans doute penser que donner sans rien attendre en retour, c'est utopique, voire même injuste. Vous estimez peut-être que l'amour doit se baser sur le principe des vases communicants : je donne, je reçois. Si je ne reçois pas ou plus, j'arrête de donner. Bienvenue au club, j'ai pensé exactement la même chose que vous pendant des décennies ! Erreur, énorme erreur… je l'ai compris bien tard, et j'aimerais que vous n'attendiez pas aussi longtemps que moi pour le comprendre.

Bien évidemment, l'amour et l'affection sont des partages, mais contrairement à ce que j'ai cru longtemps et que beaucoup d'entre nous croient, l'amour ne fonctionne pas sur ce principe des vases communicants. Ce n’est pas « je te donne si tu me donnes », « je te donne tant si tu me donnes tant », ce n’est plus de l’amour dans ce cas, c’est du chantage affectif.

Chacun des deux protagonistes doit être capable de donner son amour à l’autre sans attendre que ce dernier vienne combler un vide. Ce vide, c’est à soi de le combler, en apprenant à s’aimer soi-même. Ainsi, vous n’avez plus besoin de l’amour de l’autre, mais envie d’échanger et de partager. Et si vous ne recevez pas « à la hauteur » de ce que vous donnez, vous ne vous sentirez pas en manque, car en vous aimant vous-mêmes, vous vous donnerez l’amour auquel vous avez droit.

Il ou elle vous aime moins que vous ne l'aimez ? Acceptez cet état de fait : chacun de nous donne et aime d'une manière différente et dans la mesure de ses capacités. Il ou elle vous aime peut-être différemment de ce que vous espérez, mais ce sont vos attentes, elles vous appartiennent. Une relation amoureuse ou affective, ce n'est pas compter les points, et ce n'est pas être dans l'attente d'obtenir autant que ce que l'on donne.

Vous donnez peut-être beaucoup, mais l'autre vous a-t-il demandé quoi que ce soit ? Ne lui reprochez pas de ne pas fournir la même « quantité » d'amour que celle que vous lui donnez. Si vous estimez que vous donnez trop, apprenez à donner moins. Car donner trop, c'est typiquement ce que l'on fait lorsqu'on est dans la dépendance affective.

On donne énormément dans l'espoir et l'attente de recevoir tout autant. On croit aimer, mais ce n'est pas de l'amour… c'est de la dépendance affective, de l'attachement, un besoin de combler un manque et l'attente que ce soit les autres qui viennent le combler.

L'attente, les attentes tuent littéralement les relations affectives ou amoureuses. C'est la troisième conséquence de notre manque d'estime de soi. Car pour obtenir ce que l'on attend des autres, de l'autre, nous sommes prêts à beaucoup de sacrifices. Nous sacrifions une partie de nous-mêmes, de ce que nous sommes, de nos valeurs, de ce que nous aimons, pour être aimés. Nous acceptons tout et n'importe quoi, nous ne sommes pas capables de dire non, de nous affirmer, par peur de perdre l'amour ou l'affection de la personne aimée.

Mais c'est un cercle vicieux, car au fond de nous, nous nous dévalorisons un peu plus, nous nous critiquons de ne pas avoir le courage de dire non. Nous ne sommes plus nous-mêmes, nous oublions qui nous sommes, nous ne parvenons plus à être heureux, et notre amour propre ne fait que s'éteindre davantage. Moins nous nous aimons, plus nous demandons aux autres de nous aimer, plus nous nous sacrifions pour obtenir cet amour, et plus nous avons une piètre estime de nous-mêmes. Les sacrifices que nous faisons font également partie des conséquences de notre manque d'amour propre.

Pour terminer ce chapitre sur les conséquences du manque d'estime de soi, il ne manque plus que l'importance de l'opinion des autres. Vous accordez une importance considérable à ce que les autres pensent de vous, et vous avez également besoin de leur approbation pour prendre des décisions.

Votre manque d'amour propre vous fait douter de vous, de vos capacités, de vos choix ; vous avez toujours peur de mal faire, de ne pas être à la hauteur, de commettre des erreurs ou d'échouer, et vous avez besoin que les autres approuvent ou valident. Si quelqu'un vous fait une remarque constructive, vous l'interprétez systématiquement comme une critique négative. Vous considérez que la personne vous juge, vous reprend ou vous remet à votre place.

Bien évidemment, je ne vais pas vous dire que c'est toujours le cas car certaines personnes malintentionnées seront toujours dans les parages pour vous critiquer ouvertement. Mais vous ne parvenez pas à distinguer une remarque constructive et bienveillante d'une critique gratuite et malveillante. Le manque d'estime de soi rend par conséquent plutôt susceptible… ce qui n'est agréable ni pour vous, ni pour votre interlocuteur.

Si vous regardez l'ensemble de ces conséquences, vous remarquerez qu'elles provoquent généralement des relations interpersonnelles toxiques, car votre manque d'amour propre va attirer bien souvent des individus qui vont profiter de vos failles, de vos faiblesses, des sacrifices que vous êtes prêts à faire pour eux ou de votre dépendance affective. A l'inverse, vous pouvez également devenir toxiques vous-mêmes si vous tombez dans le chantage affectif ou que vous êtes trop en demande au point d'étouffer les personnes que vous aimez…

Vous voulez éviter les personnes toxiques ? Vous ne voulez pas en devenir une ? Aimez-vous, respectez-vous ! Si vous ne vous aimez pas, comment voulez-vous que les autres vous aiment de la manière la plus juste qui soit ? Si vous ne vous respectez pas, croyez-vous que les autres vous respecteront ? Je vous assure, par expérience, que si vous vous aimez et vous respectez suffisamment, le comportement de ces personnes toxiques va changer. Eux ne changeront pas, ils seront toujours toxiques avec d'autres personnes, mais leur comportement envers vous changera.

Comme vous le constatez, les conséquences du manque d'estime de soi sont assez nombreuses, et néfastes pour vous-mêmes ainsi que pour les personnes qui vous entourent. Que ce soit la dépendance affective, l'attachement, les attentes, le chantage affectif, les sacrifices ou encore l'opinion des autres, tous ces schémas sont destructeurs pour vous et vos relations. Peut-être ne faites-vous pas face à tous ces schémas réunis, tout dépend du degré de manque d'amour propre auquel vous êtes confrontés. Moins vous vous aimez, plus vous cumulez malheureusement ces schémas.

Il est donc temps de vous révéler pourquoi vous devez, et comment vous pouvez apprendre à vous aimer.

5.

POURQUOI COMMENCER PAR S'AIMER SOI-MÊME ?

« Sois le changement que tu veux voir dans le monde. » - Gandhi-

Tout commence par soi. L'amour, le changement, l'évolution, le bonheur, vous devez commencer par vous les apporter à vous-mêmes sans attendre que les autres vous les donnent, car dans ce cas vous serez toujours déçus, frustrés, amers, tristes ou en colère.

En commençant par effectuer un travail sur soi, le changement positif en nous aura des répercussions considérables sur notre entourage. L’erreur (que j’ai moi-même commise pendant des années) consiste souvent à vouloir essayer de changer les autres afin d’obtenir des résultats. C’est en vous changeant vous-mêmes que vous les obtiendrez !

Le bonheur commence par soi. C'est en étant heureux soi-même que l'on peut apporter du bonheur aux autres. On ne rend pas les autres heureux, on leur apporte du bonheur en partageant le nôtre, tout comme à leur tour ils nous apportent et partagent le leur. Il est donc indispensable à chacun d’entre nous d’être d’abord heureux avec soi-même, pour pouvoir partager mutuellement ce bonheur que nous avons déjà en nous.

L'amour commence par soi. C'est en s'aimant soi-même que l'on peut apporter son amour aux autres. S'aimer soi-même est fondamental pour se sentir bien, pour que d'autres personnes nous aiment, pour profiter de la vie et être plus heureux. Si vous ne parvenez pas à vous aimer, vous aurez des difficultés à aimer les autres, car vous ressentirez inconsciemment que le temps et l'énergie que vous consacrez à une autre personne, vous ne vous l'accordez même pas à vous-mêmes.

S'aimer soi-même est en quelque sorte notre première mission de vie : s'aimer et prendre soin de soi avant de recevoir et de pouvoir donner aux autres. Car si nous nous aimons, nous saurons les aimer d'une façon plus juste. Si nous portons sur nous-mêmes un regard aimant et si nous nous assumons totalement, quels que soient notre physique et notre caractère, alors nous serons pleinement humains et épanouis, sans avoir besoin de l'amour des autres pour tenter d'y parvenir.

Rien n'est plus faux que de penser que l'autre est là pour nous compléter, pour combler nos vides, nos manques. Nous étions un être entier à notre naissance, et il n'incombe à personne de panser toutes nos blessures et de répondre à tous nos besoins. C'est à nous-mêmes de le faire. L'autre n'est qu'un élément supplémentaire, « la cerise sur le gâteau » dans une existence qui doit déjà être satisfaisante, quelqu'un qui nous embellit l'existence mais qui ne doit la remplir en aucun cas.

Il nous faut voir en nous notre propre valeur, car nous en avons tous une. Nous sommes tous des êtres uniques, spéciaux, aussi merveilleux qu'il est possible de l'être. Nous devons par conséquent entamer un travail de résilience qui nous permet de transcender la souffrance et les manques de notre passé afin de parvenir à aimer pleinement l'être que nous sommes. Dès lors nous serons capables d'aimer vraiment les autres pour ce qu'ils sont et non pour ce que nous voudrions qu'ils soient. Dès lors nous serons capables de ne plus quémander l'amour des autres pour nous sentir épanouis. L'amour ne doit pas être un besoin, mais une envie. Et il ne peut être une envie que lorsque nous le ressentons déjà pour nous-mêmes.

6.

COMMENT (RÉ)APPRENDRE À S'AIMER ?

Même si entamer un travail sur soi n'est chose aisée pour personne, il est important de bien comprendre que le manque d'estime de soi n'est pas une fatalité : nous pouvons (ré)apprendre à nous aimer au travers d'exercices quotidiens, d'actions et de méthodes concrètes. Mais retenez bien également que cela demande de votre part une bonne dose de volonté, un passage à l'action, et de la persévérance. Sans volonté, rien ne changera. Le changement ne peut se produire que si vous avez la volonté de vous appliquer pour parvenir à un résultat.

La volonté, c'est bien mais ça ne fait pas tout. Il ne suffit pas de le vouloir pour que le changement se produise. Sans passage à l'action, on ne fait qu'attendre que le changement tombe du ciel…

Vient ensuite la persévérance, car tout changement demande des efforts constants. Seuls le courage et la persévérance donneront les résultats escomptés. Rien ne se produit en quelques heures ou quelques jours, un changement profond ne se produit qu'à moyen ou long terme. Aucun champion sportif ne gagne une compétition en s'entraînant un petit peu de temps en temps ! Pour changer soi-même, c'est exactement la même chose.

Enfin, ne vous découragez pas si vous avez le sentiment que vos efforts ne paient pas, chaque pas que vous faites est important. Un bébé qui apprend à marcher va chuter des dizaines de fois avant de parvenir à maintenir son équilibre, pourtant il ne se dit jamais qu'il n'y arrivera pas, il ne se décourage pas, il persévère jusqu'au bout. Votre progression peut être lente mais tant que vous progressez, vous êtes sur la bonne voie, n'abandonnez pas ! Ayez la ténacité d'un bébé !

Maintenant que vous savez tout cela, passons aux exercices pratiques.

LES 10 MÉTHODES POUR (ré)APPRENDRE À S'AIMER

1. **Lâcher prise** : se détacher du passé, se défaire de l'opinion et des projections des autres.

L'estime de soi se construit chez l'enfant, tout d'abord à travers ses parents, le regard qu'ils posent sur lui et sur le monde, et de l'amour qu'ils lui donnent ou non. Lorsque nous avons eu des parents qui ont mis systématiquement le doigt sur ce qui n'allait pas, qui ne nous ont pas apporté l'amour nécessaire à notre construction, ou qui étaient tout simplement absents, nous allons avoir tendance à faire de même : nous allons nous focaliser sur ce que nous n'aimons pas en nous et nous ne réussirons pas à nous aimer.

Après les parents, viennent l'école, l'entourage, la famille élargie, les normes et dictats de la société, puis plus tard les relations amoureuses et professionnelles. Si dans vos relations, quelles qu'elles soient, on vous a mal aimés, dénigrés, rabaissés, humiliés, cela ne veut pas dire que les autres ont raison et que vous ne méritez pas de vous aimer et d'être aimés. Ne vous laissez pas définir par le monde extérieur. Si vous doutez de vous-mêmes, c'est parce que d'autres vous ont fait douter de vous. Il est donc nécessaire de remettre le passé à sa place, de reconsidérer les remarques des autres, leurs injonctions, et de construire notre propre système de valeurs, notre propre échelle personnelle.

Laissez le passé derrière vous, ne ruminez pas indéfiniment le mal qu'on vous a fait. Que ce soit vos parents, votre entourage, un partenaire de vie, détachez-vous de votre rancœur et de votre colère. J'entends souvent des personnes dire « hors de question que je pardonne ! ». Il ne s'agit pas ici de pardonner au sens où on l'entend la plupart du temps, mais de vous libérer, vous, des chaînes que vous maintenez avec ces personnes en leur tenant rigueur de ce qu'ils vous ont fait.

Acceptez aussi l'idée que si vous êtes la personne que vous êtes aujourd'hui, c'est parce que vous avez vécu ces situations. Elles vous ont fait grandir, elles ont mis en lumière des aspects de vous sur lesquels vous aviez à travailler et vous ont également permis de savoir très exactement ce que vous ne vouliez pas être.

Pour parvenir à lâcher prise, prenez une feuille de papier que vous allez diviser en deux colonnes. Commencez par lister dans la colonne de gauche toutes les personnes et phrases qui ont pu détruire votre amour propre. Écrivez l'exact opposé en face dans la colonne de droite, ainsi que tous les messages positifs reçus par votre entourage. Listez également vos qualités, vos victoires, vos talents, vos dons, et tout ce que vous avez fait de bien depuis votre enfance jusqu'à aujourd'hui.

Vous devez maintenant vous défaire des croyances erronées et limitantes qui se trouvent dans la colonne de gauche. Si les autres ont réussi à vous convaincre que leur opinion, leurs projections étaient les bonnes, il est parfaitement possible à votre tour, de vous convaincre du contraire !

Le cerveau est malléable ; des études en neurosciences ont prouvé que les connexions neuronales se font et se défont en fonction de nos pensées dominantes. Vous pouvez remplacer vos anciennes croyances par de nouvelles en répétant quotidiennement des affirmations positives. Votre cerveau s'adaptera à ces nouvelles croyances plutôt qu'à celles qui vous ont été imposées par les autres.

Prenez une nouvelle feuille de papier et commencez par écrire vos affirmations en utilisant ce que vous avez listé dans la colonne de droite. Ces affirmations doivent toujours être formulées de manière positive. N'utilisez pas de négation (exemple : « je suis jolie » et non « je ne suis pas laide »).

Vous pouvez les écrire à la main ou à l'ordinateur, et vous afficherez ensuite cette feuille dans un endroit où vous pouvez les voir régulièrement. Chaque fois que vous passerez devant la feuille, vous pourrez ainsi lire vos affirmations et vous les répéter mentalement ou à voix haute. Vous pouvez expliquer votre démarche aux personnes qui vivent avec vous, afin qu'elles comprennent le travail sur vous-mêmes que vous avez entamé. Mais vous pouvez également estimer que vous n'avez pas à vous justifier, et les laisser comprendre par elles-mêmes. Cela reste à l'appréciation de chacun.

Vous pouvez aussi vous enregistrer sur smartphone ou sur PC en les lisant, et lancer l'enregistrement autant de fois que vous le souhaitez, dans les transports, dans votre lit avant de vous endormir, ou à tout autre moment libre de la journée.

Efforcez-vous dans tous les cas de répéter ces affirmations au minimum une fois par jour, davantage si c'est possible.

Il est souvent dit qu'il faut 21 jours minimum pour que le cerveau assimile de nouvelles habitudes, croyances ou pensées. Ne vous fiez pas à ce délai, il peut être plus long pour certaines personnes (jamais plus court). Répétez par conséquent ces affirmations aussi longtemps que vous sentez que les anciennes refont surface, et ce jusqu'à ce qu'elles soient devenues des convictions. Pour vous défaire de croyances qui ont eu la vie dure pendant des décennies, cela ne se fait pas en quelques jours ni quelques semaines. Vous devez être consistants, persévérants, et surtout ne pas vous décourager. Un travail sur soi demande de l'énergie et de la ténacité dans la durée. En revanche, cela ne vous demandera pas beaucoup de temps dans votre journée, quelques minutes par jour tout au plus. Ne vous trouvez pas l'excuse du manque de temps, c'est le meilleur moyen d'échouer.

« Le manque de temps n'est rien d'autre qu'un manque de priorités » -Timothy Ferriss-

2. **Notre propre discours intérieur :**

quand nous nous autosabotons

Au-delà de l'influence du monde extérieur, il est aussi fréquent que nous tenions nous-mêmes des propos à notre égard qui ne soient pas valorisants. Arrêtons de nous focaliser sur nos défauts, de nous dévaloriser en permanence. Nous oublions nos qualités, pourtant bien présentes. Notre dialogue intérieur va conditionner notre comportement.

Essayez d'analyser dans votre discours intérieur tout ce qui va se noter en dévalorisation, interprétation abusive, dépréciation, et remplacez tout cela par des visions plus enjouées et positives. Ayez un regard bienveillant sur vous et ceux qui vous entourent. Acceptez vos défauts, vos erreurs, reconnaissez-les et dites-vous que jusqu'à maintenant, vous avez fait de votre mieux avec la personne que vous étiez. Mais que dès aujourd'hui, vous allez décider de mettre un point d'honneur à vous aimer davantage.

« Faites toujours de votre mieux. Votre "mieux" change d'instant en instant. Quelles que soient les circonstances, faites simplement de votre mieux et vous éviterez de vous juger. » - Don Miguel Ruiz - Les quatre accords toltèques

Soyez bienveillant avec vous-mêmes, ne vous jugez pas sévèrement. Votre dialogue intérieur doit ressembler à celui que vous auriez avec votre meilleur(e) ami(e), ou encore avec vos enfants.

Vous vous demandez sans doute comment apprendre à modifier votre dialogue intérieur. La meilleure méthode que je connaisse est la méditation. Peut-être que la simple vue de ce mot vous rebute, ou ne vous parle tout simplement pas. L'objet de ce livre n'étant pas la méditation, je ne vais pas écrire un chapitre entier à ce propos mais je vais toutefois vous citer tous les bienfaits de la méditation afin que vous puissiez prendre conscience de tout l'intérêt de méditer au quotidien, et pas seulement une fois de temps en temps…

Sachez déjà que si vous ne méditez pas ou si cette pratique vous semble totalement étrangère, voire réfractaire, j'étais comme vous il n'y a encore pas si longtemps. Mais comme dit le proverbe : il n'y a que les imbéciles qui ne changent pas d'avis.

Les bienfaits que je vais énumérer ont tous été prouvés scientifiquement, et si le sujet vous intéresse, je vous conseille de vous informer davantage par des lectures, des documentaires ou encore des articles disponibles un peu partout sur internet.

- La méditation permet de mieux se connaître soi-même à travers l'introspection.
- La méditation permet d'apaiser les émotions dites « négatives » (colère, peur, stress, tristesse). Elle est d'ailleurs utilisée avec succès pour soigner certaines formes de dépression.
- La méditation permet de se recentrer sur l'instant présent, et évite ainsi au mental des allers-retours incessants entre le passé et l'avenir, sources de regrets et d'inquiétudes.

- La méditation permet de modifier la structure de notre cerveau en agissant sur nos connexions neuronales, accélérant ainsi le processus de changement de nos mauvaises habitudes vers de meilleures habitudes.
- La méditation a des effets sur la plasticité de notre cerveau mais également sur nos chromosomes. Au bout de ces chromosomes se trouvent des capuchons, appelés télomères, qui raccourcissent au fil des années et provoquent le vieillissement de nos cellules. Méditer permet donc de ralentir de manière significative cette dégénérescence des télomères et par conséquent, de ralentir le vieillissement de nos cellules.

Depuis que je suis devenue méditante, je me demande comment j'ai pu ne pas l'être pendant des décennies, comment j'ai pu passer à côté d'une pratique qui a révolutionné ma vie et mon quotidien. Mais je connais aussi la réponse à ces questions : je ne savais pas. Et combien de personnes ne savent tout simplement pas ce qu'est la méditation, et tous les bienfaits qu'elle peut nous apporter ? Notre méconnaissance est parfois notre pire ennemie…

Aujourd'hui, je suis intimement convaincue que la méditation devrait faire partie de notre routine quotidienne à tous, comme celle de se laver les dents ou de se nourrir. Nous mangeons pour nourrir notre corps, méditons pour nourrir notre esprit !

Vous ne savez pas comment méditer ? Il existe pléthore de livres, d'applications mobiles ou encore de vidéos de méditations guidées pour vous initier. Il est inutile de payer une fortune des « maîtres » ou des professeurs, d'autant que dans ce domaine, toutes les personnes donnant des cours ne sont pas toujours bienveillantes.

Je ne citerai pas de titres de livres ni d'applications dans cet ouvrage car je ne suis pas là pour faire de la publicité pour qui que ce soit. Par ailleurs, nous ne sommes pas tous sensibles aux mêmes méditations guidées ; certains préfèreront une voix masculine quand d'autres seront plus réceptifs à une voix féminine, par exemple. Testez par vous-mêmes et sentez ce qui vous correspond le mieux.

Dans le cadre de l'estime de soi, vous trouverez de nombreuses méditations guidées en vidéos, en faisant simplement une recherche sur internet avec les mots « méditation estime de soi, méditation amour bienveillant », etc.

Pour terminer sur ce point, sachez que les bienfaits de la méditation sont visibles au bout de plusieurs semaines de pratique quotidienne. S'il faut comparer la méditation à une autre pratique, nous pouvons la comparer au sport : si vous faites du sport, vous musclez votre corps et entretenez votre santé physique, mais vous ne voyez pas les résultats immédiatement. Et si vous cessez le sport, vos muscles vont à nouveau se relâcher et votre santé sera moins bonne. C'est exactement la même chose pour la méditation : si vous commencez à méditer, vous modifiez la structure de votre cerveau et améliorez votre santé mentale mais vous n'en verrez pas les résultats immédiatement. Et si vous cessez, tout redevient comme avant…

« La méditation est à notre cerveau ce que le sport est à notre corps. »

- Christophe André -

3. Arrêter de se comparer aux autres.

Après la méditation, l'autre excellente initiative à prendre est d'arrêter de se comparer aux autres. Dès l'enfance et plus encore à l'adolescence, nous entrons dans un processus d'analyse dépréciative de notre physique, qui nous laisse penser qu'il nous manque toujours quelque chose pour être parfaits à nos yeux. Nous n'aimons pas nos cheveux, nos yeux, nos oreilles, nos dents, nous nous trouvons trop petits, trop grands, trop gros, trop maigres et bien d'autres choses encore. Nous nous évertuons à nous trouver mille et un défauts.

Nous nous comparons aux autres, qui sont toujours plus beaux que nous, et cela fait énormément de mal à notre amour propre, donc à nous-mêmes. Les comparaisons sont toujours négatives et inutiles car le concept de beauté varie en fonction de chacun, il est totalement subjectif. Ce que nous pouvons considérer comme beau, une autre personne va le voir comme laid, et vice-versa.

« Vouloir être une autre personne, c'est gâcher la personne que vous êtes. »

-Marilyn Monroe-

Le concept de beauté n'est pas seulement subjectif mais dépend aussi essentiellement de l'époque. Il y a un siècle en arrière, une femme enrobée, à la peau blanche et aux lèvres bien roses était considérée comme belle, alors que les canons de beauté actuels sont totalement différents. La meilleure chose à faire est donc de construire votre propre concept de beauté. Ce n'est pas facile, mais il est important d'essayer de le faire.

Par exemple, pour vous habiller, vous n'avez pas l'obligation de suivre la mode et de vous fondre dans un moule. Pour vous aimer, vous n'avez pas besoin de vous appliquer des concepts extérieurs ou de chercher à plaire à quelqu'un en particulier. Aucune théorie ne justifie la prédominance d'une forme de beauté sur une autre. L'objectif n'est pas d'être beau ou belle puisque cette beauté est totalement subjective selon les individus et selon les époques, l'objectif est de s'aimer soi-même.

Par conséquent, évitez également le culte de soi sur les réseaux sociaux ainsi que les magazines, aussi bien féminins pour ces dames que masculins pour ces messieurs. Ces magazines ne sont là que pour vous vendre du rêve grâce à des photos retouchées de toutes parts, et pour vous inciter à consommer en achetant le dernier costume, la dernière robe ou le dernier régime à la mode.

Par ailleurs, vous devez également apprendre à vous détacher de l'admiration. Étrange concept ? Pas tant que ça ! Lorsque vous accordez trop d'importance aux éloges, aux compliments, vous augmentez certes votre estime de vous, mais lorsque vous faites face aux critiques et au rejet, vous leur accordez tout autant d'importance et vous faites baisser votre estime de vous. Pour que les projections négatives des autres ne vous affectent plus, vous devez apprendre à ne pas accorder trop d'importance à leurs projections positives également. « À consommer avec modération » !

Vous savez au fond de vous que vous avez des atouts, que ce soit telle ou telle partie de votre physique, ou tel ou tel trait de caractère. Redécouvrez et mettez en valeur tout ce que vous aimez en vous, et si c'est possible travaillez sur ce que vous aimez moins pour l'améliorer. Soyez qui vous êtes et/ou faites de vous ce que vous désirez être, sans vous plier à ce que les autres voudraient que vous soyez. C'est votre bien-être qui importe en tout premier lieu, pas celui des autres. Personne n'est mieux ou moins bien que vous ; vos atouts physiques et qualités intellectuelles font de vous une personne unique au monde. (Re)découvrez-les et laissez-les s'exprimer.

Pour résumer ce point : arrêtez les comparaisons, arrêtez de vous conformer à un concept de beauté qui changera à un moment ou un autre, et enfin, arrêtez d'accorder trop d'importance aux critiques comme aux compliments.

Listez sur une feuille vos atouts physiques et intellectuels et mettez-les en valeur.

Listez sur une autre feuille ce que vous aimez moins et que vous pouvez améliorer, puis faites le nécessaire.

Listez ce que vous n'aimez pas et que vous ne pouvez pas modifier, puis brulez la feuille !

4. **Éliminer les fausses croyances,** ou croyances répressives.

Selon Walter Riso, docteur en psychologie et spécialiste en thérapie cognitive, les croyances répressives nous empêchent de renforcer notre estime personnelle. Elles sont au nombre de quatre :

* Le culte de l'accoutumance : il s'agit du culte que nous vouons à toute une série de comportements que nous considérons comme habituels, que nous nous sentons obligés d'avoir, mais qui ne nous permettent pas d'innover ou de changer.

Pour innover ou changer, il nous est en effet indispensable de nous défaire de comportements devenus presque instinctifs et qui ne sont pourtant que la répétition de schémas qui nous ont été inculqués, mais en aucun cas un dogme incontestable. Vous avez le droit de remettre en question ce que l'on vous a appris si cela ne vous correspond pas ou plus.

* Le culte de la rationalisation : ce culte nous amène à être des robots qui évaluent les sentiments de manière quasi-scientifique pour voir s'ils nous conviennent. Certaines choses ne sont pas faites pour être pensées, mais pour être ressenties.

* Le culte du contrôle de soi : c'est ce qui nous amène à vouloir contrôler tous nos sentiments et toutes nos émotions. Il est important de se maîtriser dans certaines circonstances pour éviter d'avoir des conduites destructrices, mais nous ne devons pas

tomber dans le refoulement de tout ce que nous ressentons.

En effet, nous cherchons beaucoup trop à contrôler nos émotions jusqu'à les refouler, alors que ces dernières sont là pour que nous les écoutions et comprenions le message qu'elles veulent nous transmettre. Lorsque nous écoutons et exprimons nos émotions, nous sommes davantage nous-mêmes, authentiques, et par conséquent plus à même de nous aimer ainsi que d'être aimés pour qui nous sommes réellement.

* Le culte de la modestie : ce culte nous entraîne à ne pas valoriser nos succès et nos efforts. Il ne s'agit pas évidemment de nous vanter de nos réussites, mais de reconnaître notre potentiel, sans excuses ni sentiment de culpabilité, de manière

réaliste. Cela nous permet de savoir valoriser nos qualités et d'apprécier nos efforts.

Ce « culte » est extrêmement néfaste pour l'estime de soi. Par souci de ne pas paraître arrogant, de rester humble, nous choisissons de nous dévaloriser plutôt que d'être justes envers nous-mêmes. Il n'y a rien de prétentieux à reconnaître nos qualités, cela reflète au contraire une bonne estime personnelle.

S'aimer n'est pas quelque chose de « mal ». Ce qui est mal, c'est de se croire supérieur aux autres. Ne confondez pas amour propre et arrogance, c'est le tort que nous avons presque tous et qui nous empêche de nous aimer.

5. **Vivre sa vie en fonction de ses valeurs.**

Pour renforcer son estime personnelle, il est important de vivre en fonction de ce qui est vraiment important pour soi. Trop souvent nous nous plions à ce que notre entourage attend de nous ; nos parents, nos professeurs, notre famille, nos employeurs, nos conjoints, etc. Nous nous plions car nous pensons que si nous ne le faisons pas, nous allons les décevoir, leur déplaire, ne plus obtenir leur amour ou leur considération.

Mais en nous pliant aux demandes, aux volontés ou même simplement aux souhaits des autres, c'est nous-mêmes que nous ne considérons et n'aimons plus. Si nous passons notre temps à nous conformer aux autres, nous finissons par nous perdre nous-mêmes. Comment parvenir à s'aimer quand on ne sait plus qui l'on est ?

Bien évidemment, nous devons composer avec le monde qui nous entoure, mais nous ne devons pas devenir quelqu'un d'autre pour satisfaire les désirs de notre entourage. Si vous aimez chanter, danser, vous amuser, ne laissez personne vous empêcher de le faire. Si vous aimez faire du sport et que votre entourage ne comprend pas cet engouement, peu importe. Si votre passion automobile exaspère vos proches, vivez-la malgré tout.

L'important est de ne pas <u>imposer</u> vos choix, vos passions, au reste du monde. Rien ne vous oblige à aller danser avec celles et ceux qui n'aiment pas cela. Rien ne vous oblige à entraîner votre entourage dans vos marathons. Rien ne vous oblige à « parler bagnoles » avec des personnes que ça n'intéresse nullement. Trouvez des personnes qui partagent ces valeurs, ces passions, et vivez-les avec ces personnes-là. Vous avez forcément d'autres passions, d'autres valeurs, que vous pouvez partager avec celles et ceux que vous aimez et qui vous aiment. Vous n'êtes pas obligés de tout faire avec eux.

Personne n'est en osmose totale avec quelqu'un d'autre. C'est souvent cette illusion qui détruit des relations amoureuses. Vous espérez que l'autre partage très exactement tous vos goûts, vous cherchez à le formater à vos attentes, ou c'est l'autre qui cherche à vous formater aux siennes, pour tout partager ensemble. C'est chose impossible car vous empêchez l'autre d'être qui il est et de faire ce qu'il aime, ou c'est cet autre qui vous empêche d'être qui vous êtes et de faire ce que vous aimez.

En revanche, ce qui est possible c'est de respecter l'autre, ses choix, ses goûts, ses passions, ses valeurs, et de le laisser libre de s'y adonner. De votre côté, vous devez également vous respecter suffisamment pour ne pas laisser l'autre vous empêcher d'être qui vous êtes et de faire ce que vous aimez.

On ne peut se faire respecter que lorsque l'on se respecte soi-même ; on ne se respecte soi-même que lorsqu'on s'aime soi-même. Et pour s'aimer soi-même, il faut pouvoir être soi-même et vivre selon ses valeurs.

6. Apprendre à faire des activités seul(e).

Le manque d'estime de soi nous pousse bien souvent à ne pas supporter d'être seuls et par conséquent à ne pratiquer aucune activité sans être accompagnés. Vous devez apprendre à surmonter cette appréhension en allant au cinéma en solo, au restaurant en solo, en osant partir en vacances en solo, en pratiquant un sport en solo, ou n'importe quelle autre activité.

Ce sixième point rejoint le précédent : si votre entourage n'aime pas les mêmes activités que vous, ne vous privez pas, et ne les forcez pas à vous suivre. Si vous n'avez personne pour vous accompagner, pourquoi vous priver ? Vous n'avez qu'une vie, ne passez pas à côté sous prétexte que vous n'avez personne pour partager des moments avec vous. La solitude ne devient pénible que lorsqu'elle est subie, pas quand elle est appréciée. Et vous ne saurez l'apprécier que lorsque votre propre compagnie vous suffira. Soyez votre meilleur(e) ami(e) !

C'est en pratiquant des activités en solitaire, en sortant de votre zone de confort et en surmontant des défis que vous allez augmenter votre estime de vous. Petit à petit, vous allez prendre conscience que vous n'avez besoin de personne pour profiter de la vie ! La compagnie des autres ne sera alors plus un besoin, mais un choix. Vous ferez des rencontres quand vous l'aurez décidé, vous partagerez des bons moments avec vos amis parce que vous avez envie de les voir, et non parce que vous avez besoin d'eux pour vous sentir moins seuls. Vous verrez votre famille par plaisir, et non par besoin de vous sentir entourés. Vous vous mettrez en couple par choix, pour partager votre bonheur avec quelqu'un, et non pour combler un vide.

7. **Sortir de sa zone de confort**

Je vous parlais à l'instant de sortir de votre zone de confort. Qu'est-ce qu'une zone de confort, et comment en sortir ?

Votre zone de confort représente l'ensemble des habitudes et comportements que vous adoptez quotidiennement, mais également l'ensemble de vos croyances, connaissances et compétences. C'est aussi toutes les règles que vous avez intégrées et les préjugés que vous avez sur divers sujets.

Votre zone de confort, c'est votre routine habituelle ainsi que toutes les choses que vous maîtrisez et qui vous sont familières. La zone de confort rassure et garantit un certain niveau de sécurité. Elle englobe les deux aspects principaux de votre vie, privée et professionnelle. Il s'agit d'un ensemble assez vaste de notions dont vous n'avez souvent pas conscience. Au fil des années, à mesure que vous créez de nouvelles habitudes de vie et que vous développez de nouvelles opportunités, votre zone de confort s'agrandit.

Avant de sortir de sa zone de confort, il faut déjà savoir la délimiter afin d'apprendre à mieux se connaître et devenir conscient qu'elle existe. En la délimitant, vous concrétiserez davantage cette notion et comprendrez qu'elle est composée d'habitudes et de croyances qui sont ancrées en vous depuis très longtemps. Ainsi, cela vous permettra de vous interroger également sur la pertinence de vos comportements, habitudes et croyances.

En répondant aux questions suivantes, vous allez pouvoir définir et délimiter votre zone de confort.

- Quelles sont mes habitudes et sont-elles en adéquation avec mon mode de vie actuel et les objectifs que je me suis fixés ?
- Quels sont mes atouts et mes qualités aujourd'hui ? (Si vous avez du mal à les déterminer, demandez à quelqu'un de votre entourage proche ce qu'il

répondrait à cette question vous concernant.)

- Ces qualités et atouts sont-ils suffisants pour répondre aux défis auxquels je dois faire face ?
- Toutes mes habitudes de vie sont-elles le fruit de ma volonté ou sont-elles dictées par des influences extérieures (éducation, influence de la famille, de la société, du système, etc.) ?
- De quoi ai-je peur ? Et est-ce une croyance héritée de mon entourage ou un préjugé face à quelque chose qui m'est inconnu ?
- Quels risques serais-je prêt(e) à prendre pour m'aventurer hors de ma zone de confort ?

Avec vos réponses, vous serez à même de délimiter ce qui vous appartient réellement, ce dont vous avez besoin, ce avec quoi vous êtes à l'aise, ainsi que tout ce qui provient d'une influence extérieure et que vous ne souhaitez plus.

La zone de confort n'est pas quelque chose de négatif. Nous en avons tous besoin afin de nous sentir à l'aise dans notre vie quotidienne, ainsi que pour nous appuyer sur des besoins fondamentaux nous garantissant une certaine sécurité. Mais jusqu'à quel point ?

S'enfermer dans une prison dorée, dans une routine qui ne nous met plus face à aucun défi, c'est mourir lentement.

« Si vous pensez que l'aventure est dangereuse, essayez la routine... Elle est mortelle !»

- Paulo Coelho -

Comment passer à l'action pour sortir de sa zone de confort ?

Vous n'avez pas besoin de sauter dans le grand bain tête baissée sans réfléchir, ne prenez pas de risques inconsidérés sous prétexte que vous avez compris la nécessité de vous aventurer hors de votre zone de confort. Il vaut bien mieux y aller pas à pas, progressivement, afin de surmonter vos craintes plus aisément.

Prenons l'exemple d'une personne qui a peur du vide et qui veut sortir de sa zone de confort en visitant la tour Eiffel : elle ne va pas monter directement au dernier étage, mais commencera par le premier. Une fois arrivée au premier étage, elle ne va pas marcher directement sur les espaces qui vont activer sa peur du vide, mais commencera par y poser la moitié d'un pied, puis le retirera. Puis un pied entier, et le retirera. Puis deux pieds, et les retirera. Puis deux pieds et fera un pas, etc.

Essayer d'appliquer cet exemple à l'une de vos peurs.

Concernant vos habitudes de vie, tentez de cerner quelles sont les choses que vous craignez. Ce peut être la perte d'un emploi, un déménagement, une perte de vos repères quotidiens liés à ces changements. Mais ce peut tout aussi bien être des choses plus anodines, telles que monter sur un bateau, faire du ski, prendre un bain de mer en plein mois de janvier, monter dans un manège à sensation, etc. Évaluez les risques <u>réels</u> et comparez-les avec vos peurs ? Ces peurs sont-elles objectives ou irrationnelles ?

Vous constaterez que, dans bien des cas, elles sont irrationnelles ou disproportionnées par rapport aux risques réels. Alors, qu'est-ce qui vous freine ? La peur du changement, la peur d'oser, la peur de perdre vos repères. Tout ce qui se trouve hors de votre zone de confort vous fait peur. Et c'est une réaction « normale ».

Maintenant, remémorez-vous les moments les plus magiques et intenses de votre existence : un voyage avec des paysages à couper le souffle, la naissance d'un enfant, votre mariage, un superbe coucher de soleil en amoureux, etc. Êtes-vous sortis de votre zone de confort pour les vivre ? Évidemment oui. Même pour les plus anodins, ce ne sont pas des choses que vous faites tous les jours… voilà en quoi sortir de sa zone de confort est important voire essentiel. Vous vivez de nouvelles expériences, vous tentez, vous osez, vous sortez des sentiers battus, et vous vous sentez vivants, heureux, et fiers.

Sortir de sa zone de confort rend vivant, heureux et fier. Sortir de sa zone de confort apporte un apprentissage riche et nécessaire au renforcement de la confiance en soi et de l'estime de soi. Chaque petite victoire sur vous-mêmes viendra vous enrichir et vous prouver que vous êtes volontaires et capables. En prenant appui sur chacune de ces victoires, vous allez réaliser que vous vous étiez sous-estimés, et que vos comportements et habitudes ne sont pas tant que ça en adéquation avec ce dont vous êtes réellement capables. Alors félicitez-vous et récompensez-vous à chaque pas franchi.

8. S'accorder du temps et se récompenser

L'amour propre n'est pas bien différent de l'amour que l'on porte aux autres. Si dans notre entourage, des personnes ne se préoccupent pas de nous, qu'elles ne nous demandent pas comment nous allons, qu'elles ne nous appellent pas ou ne s'intéressent pas à nous, nous imaginons facilement qu'il n'y a pas d'amour ou d'affection de leur part. De la même manière, si vous ne vous préoccupez pas de vous, si vous ne vous accordez pas un peu de temps et d'attention au quotidien, si vous vous oubliez constamment au profit des autres, votre estime personnelle sera nulle ou insuffisante.

Nos vies actuelles sont bien souvent rythmées par le stress et une course effrénée entre toutes nos obligations, familiales, professionnelles et autres. Nous finissons par penser que nous n'avons plus de temps pour nous-mêmes, que nous ne pouvons pas nous accorder dix minutes de répit car nous avons toujours « autre chose » à faire.

STOP ! Mettez en pause, observez votre quotidien, et voyez quelles sont les activités dont vous pourriez très bien vous passer. Quelles sont ces activités chronophages qui ne vous apportent rien ou presque ? Sont-elles des priorités ou des obligations ? Si ce n'est pas le cas, et si vous réduisez le temps que vous y passez ou que vous les supprimez totalement, qu'allez-vous y gagner ? Du temps pour vous.

J'entends parfois des personnes me dire « je n'ai pas le temps de méditer ». Pardon ? Méditer apporte énormément de bienfaits, même si vous ne méditez que dix minutes par jour. Qui n'a pas dix minutes à la fin de sa journée, une fois le travail terminé, les obligations familiales et ménagères bouclées ?

Qui n'a pas dix minutes pour lire le chapitre d'un livre ?

Qui n'a pas dix minutes pour s'adonner à une séance de gym à domicile grâce aux nombreuses applications mobiles qui existent ?

Qui n'a pas dix minutes pour réciter ses affirmations positives et améliorer son estime de soi ?

Qui n'a pas dix minutes pour se libérer du poids des émotions de la journée en écrivant quelques lignes dans un journal ?

Accordez-vous ce temps précieux pour vous sentir mieux. Ce ne sont pas les journaux télévisés, les séries télévisées, ou les réseaux sociaux à outrance qui vous remonteront le moral ou amélioreront votre vie quotidienne. Repensez vos priorités et diminuez le temps alloué à ce type d' « activités ». Si vous désirez que votre vie change, si vous souhaitez vous sentir mieux, vous devez commencer par changer vos habitudes.

Puis quand vous parviendrez à vous défaire de mauvaises habitudes, lorsque vous sortirez de votre zone de confort et que vous réussirez à implémenter du temps pour vous dans votre routine quotidienne, récompensez-vous ! Vous pouvez être fiers de vous ! Une récompense n'est pas forcément un achat onéreux, ce peut être un plaisir gourmand, un nouveau bibelot pour votre intérieur, n'importe quoi en fait, à partir du moment où cela vous fait plaisir.

La récompense, aussi petite soit-elle, après chaque nouvel effort, après chaque nouvelle bonne habitude prise, nous incite à persévérer et à maintenir nos progrès.

9. Apporter sa contribution aux autres, sans s'oublier.

Depuis le début de ce livre, j'insiste sur le fait de penser à soi, de prendre du temps pour soi, de vivre en fonction de ses valeurs, et vous allez peut-être penser que tout ceci est très nombriliste, très égoïste. Voici un point qui devrait vous réconcilier avec les valeurs d'altruisme et de générosité que je défends également.

En effet, apporter sa contribution aux autres permet d'allier l'altruisme et l'estime de soi. Mais cela ne doit en aucun cas être le seul point que vous devez travailler, sinon vous retomberez dans le schéma « je m'occupe des autres et je m'oublie ». Ce neuvième point doit par conséquent faire partie d'un tout. Aucun des points n'est à négliger. Et si celui-ci arrive en neuvième position, ce n'est pas un hasard mais bien parce qu'il est encore et toujours nécessaire de commencer par soi pour impacter les autres. Ne commencez pas par apporter votre contribution aux autres si vous n'avez pas auparavant travaillé sur les points précédents.

D'ailleurs, comment pourriez-vous vous mettre au service des autres de manière efficace et juste si vous n'avez pas évalué votre propre valeur en amont ? Il faut un minimum de confiance en soi et d'estime de soi pour apporter notre valeur à l'humanité.

Une fois que vous reconnaîtrez vos atouts, vos compétences, vos qualités, ce que vous avez appris, compris, et tiré de votre expérience et de votre passé, utilisez-les pour les mettre au service des autres. C'est très exactement ce que je fais en écrivant ce livre : j'ai appris à m'aimer, je connais mes atouts, mes qualités, je tire parti de mon expérience et de mon passé ainsi que de mes compétences professionnelles pour les mettre au service des autres. Sans m'oublier.

En quoi cela renforce-t-il également notre estime personnelle ? Aider, accompagner, prendre soin, partager, soutenir, défendre ; apporter sa contribution aux autres de quelque manière que ce soit est toujours gratifiant pour soi-même.

Certaines personnes se « sentent utiles », et je dois avouer que j'ai un peu de mal avec cette notion d'utilité, car cela reviendrait à dire que si nous n'apportons pas notre contribution aux autres, nous nous sentons inutiles. Personne n'est inutile, nous avons tous une raison d'être et d'exister même sans cela. Nous ne devons pas avoir besoin d'aider les autres pour nous sentir utiles. J'insiste bien sur cette notion de besoin, car tant que vous aurez besoin d'être comme ci ou comme ça, ou de faire certaines choses pour les autres pour renforcer votre estime personnelle, cela signifiera que vous ne parvenez pas à vous suffire à vous-mêmes et que vous cherchez à combler un manque.

Pour reprendre mon exemple, je ne me sentirais pas inutile si ce livre ne rencontre pas de succès ou si mes méthodes, bien qu'efficaces, ne donnent pas de résultats sur plusieurs personnes. Je suis assez confiante et je m'aime suffisamment pour savoir, d'une part, que j'apporte une réelle valeur à mes lecteurs, et d'autre part pour ne pas me sentir inutile si mon livre ne rencontre pas son public.

Il est donc important de ne pas faire reposer votre amour propre sur le seul fait de vous sentir utiles. Car si les autres refusent votre aide, c'est votre sentiment d'inutilité qui prendra le relais, et votre amour propre en prendra un sacré coup. Vous pouvez parfaitement vous sentir frustrés car vous savez que vous pouvez venir en aide à quelqu'un et que cette personne vous rejette. La frustration est acceptable, le sentiment d'inutilité ne l'est pas.

Quoi qu'il en soit, quand votre amour propre repose sur des bases solides inhérentes au sentiment d'utilité, apporter votre contribution aux autres ne peut que le renforcer. Tout comme lorsque vous sortez de votre zone de confort et que vous êtes fiers de vous, lorsque vous apportez votre contribution aux autres, cela vous rend fiers de vous également. La fierté n'est pas un gros mot, tant que vous gardez votre humilité bien en place et que vous ne vous vantez pas autour de vous. Comme je le disais au début de ce livre, il y a une différence entre estime de soi et arrogance. Il y a aussi une différence entre fierté et vantardise.

10. Se laisser aimer

Le dixième et dernier point sera le plus facile, en théorie, à mettre en pratique. Bien que certaines personnes aient parfois beaucoup de mal à se laisser aimer… En tous cas, il ne demande pas d'efforts particuliers.

Dans la société actuelle, tout va beaucoup trop rapidement. Nous sommes tous très indépendants et actifs, mais il est nécessaire que nous nous arrêtions un instant et que nous nous laissions aimer, même si nous avons du mal à nous aimer nous-mêmes. Les individus qui ont une bonne estime de soi seront de parfaites relations à garder précieusement autour de vous.

Pourquoi ?

- Parce que ces relations sauront vous inspirer en vous montrant l'exemple d'une personne qui s'aime. Elles seront capables de vous influencer positivement et vous encourageront à vous aimer à votre tour.
- Parce qu'elles sont capables d'aimer les autres véritablement, donc de vous aimer inconditionnellement. Elles vous accepteront tels que vous êtes, avec vos qualités et vos défauts, avec vos forces et vos faiblesses.
- Parce que si vous vous sentez mal, elles seront là pour vous écouter et prendre soin de vous.
- Parce que si quelque chose vous préoccupe, elles prendront du temps pour tenter de vous aider ou tout simplement vous prendre dans leurs bras et vous réconforter.

Je tiens à préciser toutefois que ces qualités se retrouvent aussi chez des personnes qui n'ont pas une très bonne estime personnelle. C'est d'ailleurs l'un des atouts qu'elles doivent relever dans leur personnalité pour renforcer leur propre estime. Mais en règle générale, elles font preuve de ces qualités d'écoute et de réconfort dans certaines sphères de leur vie et n'y parviennent pas dans d'autres sphères. Par exemple, elles peuvent être ainsi dans leurs relations professionnelles mais pas dans leurs relations personnelles, ou encore dans leurs relations amicales mais pas dans leurs relations amoureuses. Elles ont toujours, quelque part, une faille…

Les personnes dotées d'une bonne estime de soi, elles, parviendront à être d'excellentes relations aussi bien professionnelles, qu'amicales ou amoureuses. Elles auront travaillé leurs failles, comblé leurs manques, en s'aimant elles-mêmes et en étant capables d'un amour inconditionnel envers tout le monde (ou presque).

Mais revenons un instant sur les personnes qui ont tant de mal à se laisser aimer. Pourquoi n'acceptent-elles pas l'amour qu'on leur porte ?

- Ce sont bien souvent des personnes qui ont une estime personnelle si faible qu'elles estiment également ne pas « mériter » l'amour qu'on leur porte. « Je suis nul(le) et c'est impossible que quelqu'un m'aime. »
- Elles peuvent se sentir coupables d'avoir, à un moment ou un autre, causé de la souffrance à autrui et

pensent que leur « châtiment » est de ne plus se laisser aimer.

- Elles font partie de cette catégorie qui compte les points (souvenez-vous : le principe des vases communicants), mais dans le sens inverse. Je m'explique : elles ne parviennent pas à aimer « autant » que ce que vous les aimez, et par conséquent, elles estiment ne pas être dignes de recevoir votre amour et le refusent.

À ces personnes, mais également à celles et ceux qui n'en sont pas à ce point : laissez-vous porter, laissez-vous aimer, laissez-vous bercer par l'amour de vos proches, acceptez de prendre si c'est offert de bon cœur. Vous donnerez quand vous le pourrez et ce que vous pourrez, quand vous serez prêts. Personne n'est incapable de ne rien donner.

7.

LES CHANGEMENTS EN VOUS ET AUTOUR DE VOUS

Au fur et à mesure que vous allez travailler chaque aspect, que vous allez expérimenter chaque méthode du chapitre précédent, vous allez pouvoir constater des changements en vous, et autour de vous. Quels bénéfices allez-vous en retirer, pour vous-mêmes et dans vos relations ?

POUR SOI

1. Vous pouvez être vous-mêmes.

Lorsque vous parvenez à avoir une bonne estime de soi, vous ne ressentez plus le besoin de vous aligner sur des valeurs ou des comportements qui ne sont pas les vôtres. Vous vous respectez et respectez vos propres valeurs. Vous vous sentez bien de pouvoir être vous-mêmes, et de vous affirmer comme tel. Vous ne voyez plus la nécessité de faire des efforts pour changer qui vous êtes dans le but de plaire et de correspondre à ce que les autres attendent de vous.

2. Vous savez relever les défis.

Sortir de votre zone de confort deviendra petit à petit un jeu d'enfant. Plus vous tenterez d'en sortir, plus votre estime personnelle se renforcera. Et plus cette estime sera bonne, plus vous sortirez de votre zone de confort avec facilité. En jouissant d'une saine estime de soi, vous vous jetterez avec plaisir dans l'action. Une bonne estime de soi est un atout considérable pour le dépassement de soi.

3. Vous ne craignez plus l'incertitude.

Relever des défis n'est pas toujours promis à la réussite selon l'ampleur du défi en question. Il peut rester une part de doute, mais ce doute ne sera plus un frein une fois que vous aurez acquis une bonne estime personnelle. L'action et le mouvement sont des attributs de la pensée positive.

4. Vous avez davantage de résilience.

Nous passons tous par de mauvais moments mais nous n'y réagissons pas tous de la même manière, même si l'épreuve est totalement similaire. Ce qui fait bien souvent la différence, c'est l'amour que nous nous portons.

Lorsque ces mauvais moments se produisent, une bonne estime de soi permet d'y faire face de manière plus efficace. En effet, ces épreuves deviennent des expériences permettant de vous améliorer encore davantage, et d'être capables de construire de nouvelles stratégies. Là où les personnes en manque d'estime de soi resteraient bloquées sur l'échec et se dévaloriseraient, les personnes qui ont développé une bonne estime d'elles-mêmes parviendront à rebondir plus aisément.

5. Vous acceptez de ne pas tout savoir.

Personne ne peut tout savoir. La vie est un chemin de découverte et d'apprentissages jusqu'au dernier jour. Ce parcours peut sembler lourd et difficile sans une bonne estime de soi. Ne pas tout savoir deviendra pour vous un défi comme un autre, et ne sera plus ressenti comme un sentiment d'infériorité, caractéristique des personnes qui manquent d'estime de soi.

6. Vous acceptez de ne pas être parfait.

Le perfectionnisme est source de stress. Vouloir à tout prix être parfait conduit à l'insatisfaction qui ronge l'estime de soi. Comme le dit Don Miguel Ruiz dans *Les Quatre Accords Toltèques,* l'important est de faire de son mieux, et ce mieux change à chaque instant.

Avec une bonne estime de soi, il vous sera possible de vous remettre en question avec bienveillance, avec la certitude de faire ce qu'il faut pour vous améliorer. Avoir une bonne estime de soi vous permettra de ne pas chercher la perfection, et vous évitera de vous blâmer constamment pour vos erreurs.

7. Vous acceptez de faillir

Avec une bonne estime personnelle, vous vous autoriserez à penser que l'erreur est humaine, pour vous comme pour votre entourage. En cas de conflit, c'est également un avantage indéniable qui permet d'en sortir avec élégance. Cela vous rendra plus humble envers vous-mêmes et envers les autres.

8. Vous vous impliquez avec enthousiasme.

Une faible estime de soi entraîne bien souvent un certain pessimisme et une vision assez sombre de l'existence. Une bonne estime de soi permet par conséquent d'être plus optimiste, d'oser plutôt que d'éviter. Grâce à cette bonne estime personnelle, vous serez plus enclins à l'action et au mouvement. De ce fait, l'enthousiasme qui va de pair vous conduira à un engagement et une ténacité plus forte pour atteindre vos objectifs.

9. Vous ne prenez plus les choses personnellement.

Vos jugements sur vous-mêmes seront moins tranchés, plus bienveillants. De ce fait, les critiques ne vous atteindront plus, ou du moins, plus de la même manière. Quelqu'un critique votre travail ? Vous saurez dorénavant qu'il ne s'agit pas d'un jugement sur votre personne. Vous serez capables de discernement. Vous parviendrez à vous demander si cette critique est fondée ou non, si elle est constructive ou non, si vous pouvez améliorer quelque chose ou si cette critique est simplement le fruit d'un mal-être chez l'autre personne.

Et lorsqu'un individu vous critiquera personnellement, vous serez capables de comprendre que ce qu'il pense lui appartient. C'est son opinion.

Vous saurez alors que l'opinion des autres ne définit pas qui vous êtes.

DANS VOS RELATIONS

L'estime de soi joue un rôle important dans la qualité de notre vie et dans la qualité de nos relations. En effet, la personne qui bénéficie d'une saine estime de soi saura identifier plus facilement ses désirs et aspirations en leur donnant de la valeur et en cherchant à les réaliser.

Dans le monde des relations, la loi de l'attraction est évidente. Consciemment ou non, votre manière de penser et de voir vous met en résonance avec des personnes dont l'estime de soi est similaire. Si vous vous estimez et pensez mériter des relations épanouissantes, vous rencontrerez des personnes qui iront dans le sens de ce désir.

Une estime de soi forte contribuera à vous faire rejeter toute forme de relation destructrice voire toxique, tels que les personnes manipulatrices et autre pervers narcissiques. Un bon respect de soi-même entraîne le refus du manque de respect provenant de l'extérieur. Vous rechercherez davantage la compagnie de personnes capables de reconnaitre votre valeur. Quand, dans une relation quelle qu'elle soit, chacun bénéficie d'une estime de soi bien établie, les rapports en sont rendus plus faciles car ils sont basés sur un respect mutuel.

Vos relations aux autres deviennent plus équilibrées. Quand vous vous aimez, vous osez vous affirmer avec fermeté, sans colère ni violence. Vous ne craignez plus l'adversité, l'opposition, puisque vous savez que vous êtes capables de gérer ces situations. Vous vous respectez, et vous vous faites respecter.

Lorsque vous êtes pleinement en accord avec vous-mêmes, vous acceptez que d'autres soient pleinement en accord avec eux-mêmes également, même si vous avez des positions divergentes ou opposées. Vous ne vous sentez plus agressés puisque votre personnalité bien établie ne laissera place au doute que le temps de vous forger votre opinion. D'ailleurs, cela peut parfois être irritant pour les autres, car il est assez commun de douter de soi constamment. Être capable d'accepter sereinement le désaccord est une caractéristique de la bonne estime de soi.

Vous ne vous sentez plus frustrés, anxieux ou en colère face à une personne critiquant vos faits et gestes. L'estime de soi est un bouclier. Vous parvenez à exprimer votre pensée sans confrontation brutale, ce qui renforcera encore un peu plus votre estime personnelle.

Vous ne ressentez plus le besoin d'approbation des autres. Bien évidemment, il est toujours mieux d'agir avec leur approbation dans certaines situations, mais lorsque vous avez la certitude de bien faire, d'agir de manière juste, ce n'est plus un impératif. Votre bonne estime personnelle vous permet de relativiser et de vous dire que vous ne pouvez pas plaire à tout le monde.

Vous êtes plus à l'aise en société. Lorsque vous êtes sûrs de vous, vous parlez avec votre cœur et n'essayez plus de dire ce que les autres veulent entendre. Cela a pour conséquence de ressentir moins de stress à l'idée de parler en public, ou d'être plus à l'aise lorsque vous rencontrez quelqu'un d'important à vos yeux. Vous êtes moins timides et osez aller vers les autres.

Dans vos relations amoureuses, si vous et votre partenaire bénéficiez d'une bonne estime de soi, chacun de vous sera valorisant pour l'autre. Ensemble, vous serez capables de chercher des solutions pour faciliter votre vie de couple. Vous serez de véritables partenaires de vie et non des « ennemis intimes ». Vous ne perdrez plus de temps ni d'énergie à chercher votre valeur dans le regard de l'autre, vous n'en aurez plus besoin puisque vous connaitrez votre propre valeur. Chacun de vous sera capable de se consacrer à son propre épanouissement ainsi qu'à l'épanouissement de la relation. Vous ne chercherez plus à fusionner avec votre partenaire car vous aurez compris qu'un couple, c'est trois entités : vous, l'autre, et la relation.

Le monde, votre monde change. Souvent, l'être humain croit que, pour avoir la vie qu'il souhaite, il doit en changer les éléments qui ne lui conviennent pas. Ce n'est que lorsque vous retrouvez estime et confiance en vous que vous comprenez : en changeant votre manière de vous percevoir, vous changez également votre manière de percevoir et d'aborder le monde qui vous entoure. Et votre vie, votre monde change…

RÉUSSITE

Entendons-nous bien, je ne parle pas ici de réussite professionnelle mais de réussite au sens large du terme. Je rencontre bien des personnes qui confondent les notions « réussir dans la vie » et « réussir sa vie », voire même qui privilégient la première au détriment de la seconde. Réussir dans la vie, c'est par exemple avoir fait de longues études pour avoir une « belle situation », un compte en banque bien rempli, un statut social important. Cela les rend-il plus heureux ? Pour en connaître quelques-uns, je peux vous assurer que non…

Réussir sa vie, c'est tout simplement être heureux sans avoir besoin de quoi que ce soit de particulier. C'est pouvoir, au dernier jour de sa vie, n'avoir ni remords ni regrets, ou du moins le minimum. Être satisfait de soi, de ses actes, de ses choix, de sa vie dans sa globalité.

Croyez-vous que cela soit possible sans une bonne estime de soi ? Clairement non. Je vous laisse donc imaginer le nombre d'êtres humains qui partent en ayant le sentiment d'avoir raté tout ou partie de leur vie, sachant le nombre d'individus qui manquent cruellement d'estime de soi. Personnellement, cela me désole…

Alors même si vous avez 30, 40, 50 ans ou plus, il est toujours temps d'améliorer votre estime personnelle. Vous ne changerez pas votre passé, vous ne rattraperez pas l'intégralité de vos erreurs, mais vous apprendrez à accepter avec bienveillance celles que vous ne pouvez rattraper, vous parviendrez à corriger celles qui peuvent l'être. Souvenez-vous de la citation de Marc Aurèle au premier chapitre qui dit en substance ceci : accepter sereinement les choses que l'on ne peut pas changer, corriger avec courage celles qui peuvent l'être, et avoir la sagesse d'en connaître la différence.

Mais surtout, ce qui fera la différence lorsque vous aurez amélioré votre estime personnelle, c'est ce que vous allez vivre maintenant et pour le restant de vos jours. Peu importe que vous ayez encore quarante ans à vivre, ou bien plus, ou beaucoup moins. Lorsque vous apprenez à vous aimer, ce sont toutes les années qu'il vous reste à vivre qui s'en voient transformées.

Si vous pensez que vous n'avez pas réussi votre vie ou qu'elle n'en prend pas le chemin, il n'est jamais trop tard pour diriger la voile de votre navire dans le sens du vent. L'estime de soi va jouer un rôle important dans cette réussite puisque, de fait, elle vous aidera à reconnaître votre droit à la réussite et au bonheur. Car c'est votre droit le plus absolu.

La question de savoir si elles méritent ou non de réussir leur vie ne se pose pas pour les personnes dont l'estime de soi est bonne. Elles savent pertinemment que la réussite n'est pas une question de mérite mais de savoir-faire et de savoir être.

De plus, l'estime de soi aide l'individu à chercher des solutions innovantes et adaptées à chaque situation. En vous appuyant sur l'estime de soi et sur sa consœur, la confiance en soi, vous saurez par conséquent prendre des risques mesurés, faire preuve de ténacité et de persévérance, éléments nécessaires et essentiels à l'aboutissement de vos objectifs de vie.

Au lieu de voir dans vos échecs des infortunes, vous y verrez au contraire des opportunités d'apprendre et de procéder différemment. Rien ne viendra remettre en question votre valeur personnelle ; seuls vos actes seront révisés si besoin est. Quant aux succès obtenus, ils viendront bien évidemment nourrir cette confiance en soi et cette estime de soi. C'est alors un cercle vertueux qui s'installe.

Quels que soient vos objectifs de vie, vous devez toujours entretenir un bon niveau d'estime de soi. Ce niveau doit vous procurer la conviction que vous êtes capables de mener à bien ces objectifs. Une bonne estime de soi soutiendra vos expériences positives et vous aidera à surmonter les périodes difficiles en vous permettant de trouver le positif dans toute situation. Vous ferez ainsi plus facilement face à l'adversité. Elle vous rendra également davantage créatifs, inventifs, et optimistes. L'estime de soi est le support de votre réussite de vie !

8.

PASSEZ A L'ACTION

Vous avez maintenant toutes les connaissances et les cartes en mains pour vous aimer comme vous méritez de vous aimer. Il ne suffit pas de lire un livre et de le refermer pour que des changements s'opèrent en vous et dans votre vie. Investir dans le développement personnel n'a de réelle valeur que lorsque vous implémentez les enseignements issus des lectures, des formations, des séminaires ou des séances de coaching. Le passage à l'action est indispensable pour transformer votre vie.

Lorsqu'un médecin vous prescrit des médicaments, si vous ne les prenez pas, vous ne guérissez pas, ou beaucoup plus lentement et difficilement. En développement personnel, la démarche est la même. Si vous lisez ce livre mais que vous ne mettez pas en pratique ses enseignements, vous ne guérirez pas de votre manque d'amour propre. Si votre investissement n'est que financier, alors ce n'est plus un investissement mais une dépense… Ce qui fera réellement la différence, c'est votre investissement en temps et surtout en énergie. Et même lorsque vous ressentirez les bienfaits de votre persévérance, ne relâchez pas les efforts, n'arrêtez pas du jour au lendemain, continuez à réciter vos affirmations positives, faites-les évoluer. Continuez à méditer même lorsque vous vous sentez mieux, lancez-vous toujours de nouveaux défis, etc.

Aujourd'hui, même si j'ai fait tout ce cheminement personnel qui me permet de vous livrer des méthodes que j'ai mises en pratique, je n'ai pas cessé de les utiliser. Elles font partie de mon quotidien. Certaines m'ont demandé plus de courage que d'autres, parfois une bonne remise en question, parfois de devoir faire face à des émotions douloureuses, parfois encore de me mettre un bon coup de pied… au cerveau ! Mais croyez-moi, cela en vaut vraiment la peine !

Il n'est pas toujours simple de se prendre par la main ; notre enfant intérieur cherche bien souvent à être sauvé par un élément extérieur. Améliorer une partie de soi n'est pas chose aisée, même en tant qu'adultes. Il se peut aussi que nous fassions le choix inconscient de demeurer en quelque sorte une « victime ». Ce mot peut vous paraître péjoratif, mais je tiens à préciser qu'il n'y a aucun jugement de valeur. J'ai été dans la même situation.

Ce rôle de victime nous est, quelque part, confortable. Nous préférons compter sur les autres que sur nous-mêmes. Nous ne pouvons rien changer puisque nous nous considérons victimes du monde extérieur. Nous voulons nous sentir mieux, et cherchons à comprendre pourquoi nous n'y parvenons pas. Mais sans abandonner nos habitudes, nos croyances, nos schémas dysfonctionnels, nous échouons, rien de plus logique. Einstein disait « La définition de la folie, c'est de refaire toujours les mêmes choses, et s'attendre à des résultats différents. »

Le rôle de victime n'est pas faux en soi car nous avons certainement subi des comportements ou des paroles qui nous ont blessés. Mais qu'avons-nous à gagner en restant en position de victime ? Hormis ce sentiment de ne pas pouvoir en sortir…

On vous a fait du mal ? On vous a dit des mots blessants, dévalorisants, méprisants ? Ne laissez pas ces personnes gagner, vous valez mieux que ça. Prenez votre revanche sur elles. J'ai bien dit revanche, pas vengeance. La vengeance ne mène à rien, qu'à vous sentir encore moins fiers de vous. La revanche, elle, est un véritable moteur. J'en parle par expérience…

Mais pour cela, comprenez bien que ce travail intérieur ne peut être accompli que par une seule et unique personne : vous. Même avec un soutien ou un accompagnement extérieur, ce ne sera jamais le thérapeute qui fera le travail à votre place. À l'âge adulte, plus personne ne peut vous sauver, et ce n'est d'ailleurs le rôle de personne. Cela ne signifie pas que vous avez tort de croire que vous avez subi des injustices, ou que vous donnez raison à ces personnes qui vous ont maltraités. Oui, il est tout à fait possible que vos parents, votre conjoint, vos amis, ou n'importe qui d'autre vous aient infligé des traitements injustes ou toxiques. Mais aujourd'hui, vous êtes l'unique personne responsable de votre bien-être.

Pour améliorer notre estime personnelle et ne plus être sujet aux humiliations de l'extérieur, il nous faut choisir de passer à l'action, choisir de ne plus être victimes et choisir de grandir. Lorsque les souffrances persistent déjà depuis de nombreuses années, et j'en ai été un exemple, il est fort probable que nous n'ayons pas encore choisi de grandir et d'aller au-delà de notre mal-être. L'enfant en nous s'accroche à son histoire personnelle et ne veut pas lâcher. L'adulte que nous sommes veut se sentir mieux, tout en s'identifiant à ce qu'il a vécu étant enfant. Pour cette raison, il est important de démarrer par le lâcher prise. Il n'y a rien d'anodin à ce que le lâcher prise apparaisse en premier dans les méthodes que je vous ai données. Se libérer de son passé est la première étape fondamentale pour ensuite aller de l'avant.

Il est vrai que c'est l'étape la plus difficile également : cela demande force et courage de choisir d'abandonner une partie de notre histoire personnelle, plutôt que de chercher réparation. Ce n'est pas facile, et c'est tout à fait normal. Les qualités requises pour faire ce choix sont la vulnérabilité, le désir de se «

désidentifier » de son histoire personnelle, l'enracinement dans son amour propre, le courage et la ténacité.

Mais n'est-ce pas là un moindre prix à payer pour atteindre une paix intérieure, une bien meilleure estime de soi et un sentiment profond de bien-être ? Par expérience, je vous assure que ça en vaut largement le prix.

Je terminerai ce livre par ce qui représente, à mes yeux, l'un des plus beaux textes sur l'estime de soi qui ait été écrit. Faussement et longtemps attribué à Charlie Chaplin, il est pourtant l'œuvre d'une écrivaine américaine, Kim McMillen, et publié après sa mort par sa fille Alison.

Aparté : Méfiez-vous de ce que vous trouvez parfois sur internet, ce texte apparait davantage attribué à Chaplin qu'à sa véritable auteure, et sa traduction est souvent très aléatoire et incomplète. En voici la traduction complète et la plus juste.

Alors que je commençais à m'aimer

Alors que je commençais à m'aimer, je constatais que l'angoisse et la souffrance émotionnelle n'étaient que des signes avant-coureurs indiquant que je vivais contre ma propre vérité.
Aujourd'hui, je sais ce qu'est l "Authenticité".

Alors que je commençais à m'aimer, je comprenais à quel point cela pouvait offenser quelqu'un quand j'essayais d'imposer mes désirs à cette personne,

même si je savais que le moment n'était pas bien choisi et que la personne n'était pas prête pour cela, et même si cette personne, c'était moi.
Aujourd'hui, j'appelle cela "Respect".

Alors que je commençais à m'aimer, je cessais de rêver d'une vie différente et je pouvais voir que tout ce qui m'entourait m'invitait à grandir.
Aujourd'hui, j'appelle cela "Maturité".

Alors que je commençais à m'aimer, j'ai compris qu'en toute circonstance, je suis au bon endroit au bon moment, et que tout se passe exactement au bon moment. Donc je pouvais être calme.
Aujourd'hui, j'appelle cela "Confiance en soi".

Alors que je commençais à m'aimer, je cessais de perdre mon temps et je cessais de concevoir d'énormes projets pour l'avenir. Aujourd'hui, je ne fais que ce qui m'apporte la joie et le bonheur, des choses que j'aime faire et qui réjouissent mon cœur, et je les fais à ma façon et à mon rythme.

Aujourd'hui, j'appelle cela "Simplicité".

Alors que je commençais à m'aimer, je me libérais de tout ce qui n'était pas bon pour ma santé - nourriture, personnes, choses, situations - et tout ce qui m'attirait vers le bas et m'éloignait de moi-même. Au début, j'ai qualifié cette attitude d'égoïsme sain.

Aujourd'hui, je sais que c'est "L'amour de soi".

Alors que je commençais à m'aimer, j'arrêtais d'essayer de toujours avoir raison et, depuis je me trompe moins souvent.
Aujourd'hui, j'ai découvert que c'était ça la "Modestie".

Alors que je commençais à m'aimer, je refusais de continuer à vivre dans le passé et à m'inquiéter pour l'avenir. Maintenant, je ne vis que pour l'instant présent, où TOUT se passe.
Aujourd'hui, je vis chaque jour, jour après jour, et j'appelle cela "Accomplissement".

Alors que je commençais à m'aimer, je reconnaissais que mon esprit pouvait me perturber et me rendre malade. Mais en le connectant à mon cœur, mon esprit est devenu un allié précieux.

Aujourd'hui, j'appelle cette connexion "Sagesse du cœur".

Nous n'avons plus besoin de craindre les arguments, les confrontations ou tout type de problèmes avec nous-mêmes ou avec les autres.

Même les étoiles entrent en collision, et de leur écroulement naissent de nouveaux mondes.

Aujourd'hui, je sais que C'EST ÇA, LA "VIE" !

9.

BESOIN D'UN ACCOMPAGNEMENT ?

Ce livre est un support et un guide qui vous permettra d'entamer par vous-mêmes un travail sur vous dans le but d'améliorer votre estime personnelle ainsi que vos relations aux autres. Il est possible d'y parvenir seul, mais il se peut également que vous ressentiez le besoin de faire appel à une tierce personne pour vous accompagner et vous soutenir dans vos efforts.

Comme je l'ai écrit au tout début de ce livre, je suis auteure mais également coach certifiée en développement personnel et j'exerce mon métier aussi bien en face à face qu'à distance via différents supports. Je peux par conséquent répondre à vos demandes d'accompagnement si vous le souhaitez, et pour ce faire, je vous invite à visiter mon site internet. Vous y trouverez toutes mes coordonnées, mes articles sur divers sujets de développement personnel, ainsi que le nécessaire pour effectuer vos réservations de séances en ligne. Je reste à votre écoute et serai très heureuse d'échanger simplement aussi avec mes lecteurs afin d'avoir leur avis sur cet ouvrage et leur retour d'expérience.

Retrouvez-moi dès maintenant sur :

https://coaching-renessence.fr

A très bientôt !

Anne-Sophie

Printed in France by Amazon
Brétigny-sur-Orge, FR

13314171R00089